먼 하늘 바다 건너

문학고을시선 · 25

먼 하늘 바다 건너

초판 1쇄 발행 | 2024년 10월 26일

저 자 | 오금석

펴 낸 곳 | 도서출판 문학고을
펴 낸 이 | 조진희
편 집 자 | 조현민
주소 | 경기도 부천시 오정구 성곡로 16번길 7 901호
서울사무실 | 서울시 강남구 학동로38길 38 (논현동) 204호
전화 | 02-540-3837
이메일 | narin2115@naver.com
등록 | 제2020-111176호

ISBN 979-11-92635-26-2 03810
정가 12,000원

© 오금석, 2024

* 이 책의 판권은 지은이와 도서출판 문학고을에 있습니다.
* 잘못된 책은 구입처에서 교환해 드립니다.

문학고을시선 · 25

먼 하늘 바다 건너

오금석 시집

| 시인의 말 |

첫 시집을 상재上梓하며

49년 미국 생활이다.
고국의 정서와 감성 그리고 타국 생활에서 부딪치며 배어 나오는 색다른 시작이다. 고려인들이 몇 세대가 흘러도 핏속에 흐르는 정서와 혼은 그대로인 것처럼, 미국 생활에서 부딪히고 깎이면서 변하는 한국의 정서와 감성을 담아 쓴 작품이다.
타국의 "삶이란 눈물겨운 고독과 외로움에서 같이 어울려 사는 공동체"이며 고국을 떠난 반 세기 흐름에 눈을 감고 회상하는 고향 향한 그리움이다.
고향의 향수가 핏속에서 분출하며 그리워하고 잠 못 이루고 미국 사회에서 이민의 뿌리 내림을 표현한 시이다. 오랫동안 숨겨놓고 느끼지 못한 정서와 감성 그리고 서정을 표현한 작품이다. 수많은 작은 꿈이 큰 꿈으로 성장하고 발전해 가는 산고의 과정과 내면의 독백적 표현이다.
홀로 서서 먼 하늘 바다 건너 고향을 바라보며 회억하고, 오늘 삶이 역경의 돌밭에 뿌리내려 잘 살았노라고 회상하며 독백적 시적 진술을 통해 고국 독자들에게 알림이다.

첫 시집을 출판하기까지 엄청난 응원과 격려 그리고 도움 주신 문학고을 조현민 회장님께 감사와 존경을 표한다. 또한 문단 관계자와 심사위원님들께도 머리 숙여 고마움을 마음으로 전하며, 최고의 문단이 되길 기원한다. 이 시집이 나올 수 있도록 문학고을을 소개한 부산 이데레사 수녀님과 옆에서 응원한 사랑하는 아내와 도움을 준 조가 오 필 **부부** 그리고 네 딸, 수지, 유니, 제니 애니에게 고마움을 전하고 작으나마 고국의 정서와 부모가 태어난 나라 혼을 전하고 싶은 아비의 소박한 마음이기도 하다.
언제나 역경에서도 같이 해주시고 작은 달란트를 주신 하느님의 은총에 기도를 드리며, 이 자리를 빌려 응원과 격려 따뜻한 마음 주신 분들께 감사와 경의의 고마움을 전하고 싶다.

(Daniel oh) 오금석 배상

| 여는 시 |

먼 하늘 바다 건너

먼 하늘 바다 건너
살아 온지 49년 고국을 떠났다

고향은
인걸은 사라지고
동네의 학교도 사라졌다

삶이란
눈물 겨운 고독과
외로움에서 같이 어울려 사는 공동체

바다 건너
돌 밭 터전에 씨앗이 뿌리를 내려
새싹이 나옴은 축복이다

반세기 흐름에
눈을 감고 회상 하노라면
떠오르는 바다 건너 고향

밤 하늘에
홀로 서서 망망 대해에
달님에게 소식을 전한다.

하늘 바다 건너
삶은 외로웠으니
새싹의 돌 밭은 새 생명의 원천이었다고

고향의 향수를
차가운 가슴에 뿌려 묻고 그리워한다

허공에
어디예요
먼 하늘 바다 건너
그리운 마음의 고향이

영혼이 깃드는 고향의 안식처
그리워 잠을 설친다
핏속에서 진한 고향의 향수가 분출한다

하늘 바다 건너로
하늘과 바다에 또 다시 물어본다

달 만이 외로이 지켜보며
웃고 있는 것 같다

잘 살았노라고
먼 하늘 바다 건너에서

| 목차 |

4　　　시인의 말 |　첫 시집을 상재上梓하며
6　　　여는 시 |　먼 하늘 바다 건너

제1부 노을지는 저편에서

14　　　회개의 부활
15　　　낙엽의 독백
16　　　록키 마운틴 석양
17　　　오솔길
18　　　하루
19　　　판문점
20　　　벽
21　　　임의 방문을 열며
22　　　도로 위의 쉼터
24　　　비의 두드림
26　　　떠남
27　　　잘해
28　　　작은 바위
29　　　창밖 고속버스
30　　　안경 이야기
32　　　콘크리트
33　　　오월의 찬가
34　　　하얀 산봉우리

제2부 꽃이 피고 지면

38　　　홀로 민들레
39　　　성터
40　　　하얀 꽃바람
41　　　봄 마중
42　　　눈이 내리네
43　　　말의 외출
44　　　석류나무 옆에
46　　　나무 친구

48	나무 친구 2
50	핑크색 호수
51	11월
52	12월의 하루
53	Keystone 호수 Colorado
54	감사의 마음
55	검은 새 봄 잔치
56	거북이 심장을 보다
58	결혼
59	고속버스 운전사

제3부 사색의 창을 열고

62	구름
63	그리움
64	그녀의 두드림
66	남포로
67	미상
68	봄의 서두
69	삶
70	산 동네 봄 마중(Denver Colorado)
72	삶의 여명
73	상경
74	새 봄
75	새해의 만남
76	성녀 가브리니 성지
77	성령의 비 2
78	숲속의 도로 거리
80	아마릴리스 봄
81	아버지 이야기
82	여정
83	여명의 묵상 2
84	영혼의 그릇

제4부 회억의 상념

- **86** 안경의 외출
- **88** 작은 호수
- **90** 은총
- **91** 죽음
- **92** 참 좋은 날
- **93** 칠순의 독백
- **94** 참 행복이다
- **96** 피곤함
- **97** 햇볕의 속삭임
- **98** 달은 여인이다
- **100** 인연의 끈
- **101** 지구의 죽음
- **102** 사막 길 인생
- **103** 어머니가 그립다

제5부 세월의 변곡점

- **106** 십자가와 인생
- **107** 생일날에
- **108** 성모님의 독백
- **111** 헛소리 소리
- **112** Aspen Colorado
- **114** 하루하루
- **115** 이태섭 신부
- **116** 어머니
- **117** 삶의 자리
- **118** 동지의 적막
- **119** 새해맞이
- **120** 유령의 다리
- **122** 청보리 들녘

123	사순절
124	삶 속에 성령
127	성모의 계절 – 5월
128	성지 가지 들고
129	씨앗
130	형이상학
131	노트북 인생

제6부 노을진 황혼의 연가

134	새들의 아침 인사
136	집 앞 우체통
138	냉정한 침묵
139	비 속으로
140	사랑은 어디에
141	여로
142	사랑의 열쇠 나침반
144	성체 앞에서
146	원하는 대로 만드소서
147	인상
148	주님에게 독백
150	창공을 나르는 비행기 안에서
153	작은 새
154	창문을 열며
155	나 홀로 서서
156	눈길
157	다시 7월이

해설

160	인생, 그 연민의 바다에서 ǀ 김신영

제1부
노을지는 저편에서

회개의 부활

밤의 적막이 너무 길다
세상 멈춘 듯 어둠 속에 잠든다

눈을 뜨니
벌써 자시子時의 새벽인데
좀처럼 어두운 적막 떠나지 않는다
온 세상 에덴동산의 사과를 연상케 한다

우리의 적막을 걷어가는
주님의 자비를
기다리는 시간이다

참회하며 기다림에
주님과 화해 사랑으로
어두운 적막이 서서히 걷어가니

부활이다.

낙엽의 독백

흔들리는 바람
눈을 뜨니

나무 둥지에
놀던 새들 떠나고

뜻밖에 찾아온
차가운 서리
나는 포로가 된다

이제 떠나야 할
이별의 시간이다.

11월 마지막
나에게 이별을 재촉한다.

형형색색 옷 입고
다시 못을 숨터에서
정처 없이 바람 부는 데로 떠나야지

록키 마운틴 석양

부드럽지 않은 살갗에
차가움 얹어주는 바람은
록키 마운틴Rocky Mountain의 노을

석류나무에
막 피운 함박꽃 태양은
평화스럽게 따스한 하루의 닻을 내린다.

석류 나무 잎 사이 속에 지평선은
마치 쟁반 위에 불타는 호수를 그린다

하느님의 창조물 태양은
나와 같이 하루를 마무리하며
내 가슴으로 다가온다

오늘을 산과 영혼에 소장한다

 록키 마운틴 영산의 품으로
내일을 더욱 승화시키소서

오솔길

쌀쌀한 겨울 오후
잠든 겨울 나무 사이를 걸으면
왕성했던 삶은 정지된다.

헐벗은 나무
뿌리와 이별 못해 엉켜있는 잡초
언제나 독야청청한 소나무들
한데 어울려 내는 침묵의 길

새들은 어딘가 날아가 버리고
낙엽 딩구는 소리 더욱 적막힌
삶도 멈춰버린
겨울 오후의 오솔길

하루

해 저무는 창가
서성이는 것은
하루를 보내는 것이 서운해서가 아닙니다.

저 먼 록키 산맥Rocky산 중턱에 걸린
태양을 보는 것은
하루가 다 가기 때문이 아닙니다.

넘어가는 석양을 보며
명상에 잠기는 것은
누구를 기다림이 아닙니다.

어둠이 창가에
살며시 문 열고 들어올 때
누구를 찾는 것이 아니듯

그저
시간에 기대어
하루 마지막 종착역에
내리는 기분으로 앉아 있을 뿐입니다.

판문점

하늘은 같아 푸른데
연연한 강과 산은 풀리지 않고

허리를 동여맸던 70년
갈기갈기 찢어진 백의를
꿰매고 있는 8도의 문

역사의 혈맥이 흐른다

평화의 대화가
불꽃처럼 치솟아 오를 때
부스럭거리며 종이를 접는다
이국으로 떠나기 위하여

외국인들은
구경거리로 스케줄을 짜고 있다
이름도 모르는 먼 이국땅에서

백의의 단절을 남긴 채 판문점은
오늘도
역사의 혈맥이 되어 흐른다.

벽

살얼음 녹는 봄
언니야 겨울을 아느냐?

갈매기 울며
기다랗게 한숨 늘였던
고달픈 삶이 엉키어
버려진 둥근 벽

버티어 선 고벽이
물러설 줄 모르던 이른 봄
엄마 품 안에서
숨 쉬었던 따뜻한 손길을

언니야
가랑비는 한없이 가슴에 젖어
버려진 둥근 벽

또 흘러가는 변기變氣 둥그렇구나

임의 방문을 열며

날이 밝아 오매
오늘도 창문 열어
임의 방문을 연다

오늘은
임과 더욱 가까운 날 되도록
새로운 공기 맞으며 기도 한다

어제의 삶이
오늘의 생활과 연결되어

하루 종일 임께서
나의 목적지까지 운전하소서.

나는 따를 뿐입니다.
임을 바라볼 뿐입니다.
임이 운전하시는 그 옆자리에서

도로 위의 쉼터

오늘도 도로 위를 달린다
도로는 넓고 광활하다
정원의 쉼터를 찾는다

어제도
눈은 말라빠진
명태 껍질처럼
서성이는 벌들을 보았다
비가 내린다 도로 위에

태양이 빛을 내리면
나비 벌 아름다운 방울새도 찾아온다
화려한 년들
검고 노란색 유니폼 놈들
몸 단장한 아가씨도 가끔 온다

오후의 정원
절뚝거리는 새들이 모였다
놀고 간 자리를 살핀다
남기고 간
버려진 꽃들을 찾으러

내일도
정원의 자리를 찾아
도로 위를 달린다
도로는 넓고 광활하다

비의 두드림

비는 거리거리를 다니며
삶을 비운다
빗속에 장막과 젖은 마음으로

비는 원치 않은 곳에서도
자기 맘대로 내린다
냇가는 범람하고
다리는 무서운지 떤다
무서운 두드림이다

화가 난 폭우는
사람들을 놀라게 하고
주변을 무너뜨리고 있다.
물체가 흔적 없이 사라진다

우산들이 거리를 질주한다
어린아이들은 묻는다
비가 왜 화를 내는지

비의 울부짖음을
모르는 채 대답이 없다

비의 두드림은
삶을 비우며
젖은 마음으로
잠시 피정하는 것이다

우리들의 몫이다

떠남

친구를 보내며, 12/3/2004
인연으로
왔다가
사랑 속에
살면서

삶을
주고받고 살다가

사랑의 품으로
다시 돌아가네

그대는
사랑을 심고
사랑을 나누어 주며
다시 오리라

우리 가슴과
영혼 속에
사랑의 연인으로

잘해

둥그라운 지구 땅 걸어
시간의 열차 속에

사랑으로 태어나
고통으로 나눔
십자가의 열매

열매는
우리의 구원

열매가
가지가지에 주렁주렁

열매 따는 사도가
아침 일찍 입국
Passport를 노려본다

잘해!
되돌아올 수 없어
시간과 구원은 다시 오지 않아

작은 바위

장막과 우둑한 자세
냇가에 작은 바위가 있다

냇가에 물은 잠깐 흐름을 멈추고 인사를 한다
첫 대면이다

냇가에 물이 범람할 때도
뿌리 깊게 수호자처럼 버팀목이다

살아있는 물은
늘 안식처와 쉼터이다

물이 잠시 후 바다로 흘러가면
작은 바위는 반바지로 서 있다

무슨 연고인지?
팔자인지 알 수가 없다

내주는 사랑과 침묵은
버팀 몫의 작은 바위이다

냇가에
작은 바위는 서 있다

창밖 고속버스

고속버스 밖
달리는 도로마다
가슴에 다가온 심상
자연과 인생의 사계를 본다

나는 봄의 계절이 좋다
자연이 주는 생명의 소리가 들린다

새로운 탄생의 세계이다

멀리 떨어져 있는 친구에게
봄의 소식으로
새로운 만남을 기대하며
안부를 전하고 싶다

안경 이야기

눈을 뜨니 아침이다
침대 옆 테이블
하얀 투명 속으로 잠을 잔 안경이
인사하며 나를 기다린다

빈번히 되묻곤 한다
왜 눈감은 저녁이면 날 버리는지?

버리는 것이 아니라
수고함에 서로 쉬는 것이라고

자네와 같이 갈 곳이 있다
가는 길에 한눈팔지 말고

지나가는 군상과 아름다움만 보여 줄게
그럼 나는 눈을 감을까
아니야 공짜로 보는 거야
서두가 있어야 본론의 장소에 가지

자네는 못 말리는 자야
그래 세수나 하고 같이 가자.

자네는 나를 다 알고 있기에
고집이 센 안경이야!

다정한 내 친구는 쓰레기통에 버려졌어
같이 동락했던 친구가 떠났대

우리는 이별 통고 없이 멀어지기도 해

그래 그래서
자기와 같이 오래 살래
내 자기 알지?

건강해야 해
못된 곳에 가지 말고
좋은 것만 있는 곳으로 가자
사랑해

콘크리트

동대구 신세계 8층

높게 선 콘크리트 벽에
눈을 감는다

보지 못한 너머로
기다림을 잊은 채
눈을 감는다

창문 밖
또 다른 비행기가 난다

새들은 이미 떠난지 오래다

인간이 만든
죽은 괴물이 서 있을 뿐이다

오월의 찬가

오월은
겨울의 어두운 장막을
벗어 버리고 따스하고
생기 있는 계절.

오월은
햇볕이 어두웠던 창문과 구석을
밝히어 새로운 생명을
잉태하는 계절.

오월은
라일락과 아카시아가
온 땅에 향기를 품어내어

당신의
사랑의 향기를
알려주는 싱그러운 계절

하얀 산봉우리

하늘은 청청한데
칼날 같은 산봉우리들
하얀 옷을 입고
하늘과 이야기하네

새로운 하얀 옷이 필요하다고?

끝없이 펼쳐지는 평온은
잠에서 깨어나
기지개를 켜며 대지를 깨운다

높은 산봉우리는
언제나 하얀 옷을 입은
사계절이다

그들만의
하얀 눈의 천국이다
오염되지 않는 세상이다

대장봉이
하얀 봉우리들을 대신하여
하얀 진 망토와 푸른 하늘색 바지로

하늘과 대화하는 것 같다

어디선가
솜털 같은 구름이 다가와
어여쁜 하얀 정원을 꾸미고
사뿐사뿐 춤을 추며
산봉우리들과 어울려 하늘을 부른다

태곳적처럼
하늘과 이야기하는 것 같다.

제2부
꽃이 피고 지면

홀로 민들레

오란 색깔 민들레꽃이다
희망의 웃음을 보낸다.

제일 먼저 찾아준 봄 여신
강렬한 자태와 향기 속에
예쁜 벌들이 첫 방문을 한다

어느새
꽃씨는 무거운 슬픔을 내리고
가벼운 마음으로 바라주는데도
떠날 준비를 서두른다

참
희망찬 여로이다
두려움 없는 여행이다.

이별의 인사 없는
우리들의 인생사처럼 떠나는 것 같다

성터

옛 성터인 성산은
도도한 세월의 흐름에 말이 없다

지친 사람들이 방문하는 곳
자기를 쉬이 내주지 않으면서도
평범한 산행길을 내주었다

찬란했던 자태와 품위를 찾아볼 수 없다
권력과 탐욕의 잔인한 피의 흔적도 없다
얼마나 힘들었을까?
세월의 역사가 물줄기 되어 흐른다

성산에 올라
역사의 지평선을 보며 눈시울을 적신다
권력은 영원하지 않다고
다만 역사 속의 뒷장이라고

애절한 죽음의 소리 멀리서 들린다

성터는 평범한 자세로 참회하는 것 같다

하얀 꽃바람

바람이 분다
벚꽃 나뭇가지를 흔든다
간지럼일까?
두드림일까?

하얀 꽃잎은 겨울 아닌
포근한 태양의 안내를 받으며
마치 눈보라처럼 나무에서 내려온다

한 잎의 꽃이 나에게 온다
청순한 아이처럼 갈팡질팡이다
큰 행사장 마친 후 흩어지는 인파 같다

하늘에서 사뿐히 내려오는 눈 날림은
예쁜 아이들의 어머니 품속 탈출이다

철없는 나무들도
행동하는 동물과 같다

왜 몰랐던가

봄 마중

창문 밖 새들
떼를 지어 비행기처럼 울어댄다

창문 열어 눈 돌린
돌담 밑 예쁜 개나리가 아침 인사 온
햇볕에 기지개를 켠다

깊은 숙면 묵음의 나무
바람난 봄바람에
눈 비비고 주위를 바라본다

벽돌보다 강하게 무장한 세월 입은 청송
갑옷 입은 채 먼지를 턴다

하늘과 바람은
차가운 관계를 멈추고
오랜만에 나들이를 나왔다

온 세상이 봄 오는 소리에
시끌벅적이다

오늘따라 창밖의 차 소리가
유난히 나를 깨운다

눈이 내리네

눈이 내리네
눈을 뜨니 하얀 미소의 솜 방울들
꽃이 피었네

땅과 하늘
새로운 하얀 선물에
푸르름의 청춘
천사의 새 옷을 입었네

마음과 영혼 속
하얀 사랑이 내리면

아름다운 정취가 머무는 곳
풍요로운 좋은 세상

말의 외출

말이 짜증이 났는지
입에서 집 밖으로
가끔 외출을 한다

적막한 조용함이
머리와 입을 자물쇠로 잠근다

멍한 마음은
잠시 휴식에 잠들고
몸도 요동을 멈춘다

창밖에 들리는 소리에
네가 여행에서 갑자기 돌아왔다 보다

고맙다 하여
머리와 몸은 다시 너를 맞이하여
더 아름다운 사랑의 아리아를 부른다

언제 왔는지
영혼도 같이 말을 한다

석류나무 옆에

시베리아 구름 속 헤매는 바람
한 조각의 미소도 없이
외롭게 누워 시간을 내주지 않는다

추위에 입을 동여맨 혹한의 날씨
만물은 조용하다
대지는 언제나 따스한 해가 뜰까

파도 속 자라 소리
하늘에 다다르면
해변의 식물들은 눈을 뜬다

거품 토해 내는 포말
해안에 울려 퍼지고
하루를 열었던 태양
갈매기 춤사위에 미소 짓는다

어머니 젖가슴에 향기 품은 바람
따뜻한 온기 품어내면
솜털 같은 사랑의 표현이지

그늘진 석류나무 열매

봉긋이 웃음 토해 내면

사랑의 눈빛 건넨
수평선 너머 쪽빛 파도
하루의 휴식에 들어간다

나무 친구

나무는 아주 오랜 친구이다
언제나 가까이 있다
변하지 않는 친구이다

나를 위해 서 있는 친구이다
나무가 옷을 바뀌어 입으면
나도 따라서 옷을 입는다

봄이 오면
벌거벗은 가지가 소식을 전한다
잠에서 깨어나라고

여름이 오면
초록으로 그늘은 만들어
쉼터를 만들고

가을이 오면
풍성한 자태로
열매와 단풍을 만들고

겨울이 오면

벌거벗은 채 눈을 맞는다

참 변함없는 좋은 친구다

나무 친구 2

바람이 찾아와 말을 걸면
가볍게 춤을 추며 인사를 나눈다
사랑한다고
눈이 안 보일 터인데

여름은
나와 제일 가까운 친구이다
쉼터로 어머니 품속보다 큰 사랑이다
피로에 지친 눈을 쉬게 큰 장막을 친다

가을은
가지에 사랑의 열매와
눈썹은 황금색으로 변한다

너 하나의 눈썹은
또 다른 사랑의 표현이다

너와 우정은 몇 년째인가?
내 태어나기 전부터 기다림이다

오늘은
나무가 말을 건다

우리 집 식구들과 오랜 친구라고
초록과 오렌지 잎을 흔든다

참 변함없는 친구다

핑크색 호수

핑크색 호수가
하늘과 땅에 걸려 있다

록키 산에
걸려있는 핑크색 호수는
심장과 눈을 멈추게 하는
두드림으로 다가오고

햇볕이 이별을 고할 때
황홀한 핑크색 화지에
영혼과 천상의 동양화이다

스페인 아비다에
펼쳐진 핑크색 호수는
고대 도시와 성스러운 성당에
현대 미술로 땅에 걸려 있다

석양의 시간에
삶의 이별도
핑크색 호수로 하늘과 땅에 걸려있다

11월

11월은
벌거벗기 위해
준비하는 달

푸르름에 청춘으로
왕성한 삶의 열매로
가장 아름다운 좋은 옷으로

11월은
마지막 나의 옷을 벗고
빈 몸뚱이를 보이는 달

인생의 여정을 마치고
하느님 앞에 설
준비하는 벗은 몸

11월은
풍성한 추수로
가진 것들을 주는 달

나의 모든 것들을
남과 이웃에게 넘겨주는
벌거벗은 달

12월의 하루

참 좋은 날
맑은 정신 영혼 마음으로
오랜만에 마음의 노트북을 열었다.

삶은
나를 싣고 어느새
70 고개와 한 해가 저무는 모퉁이에 있다

인생은
다시 시작을 준비하는가?

아니?
밝은 한 해를 기대하며
다시 새 삶의 운전대를 잡아 보자.

Keystone 호수 Colorado

창 너머 하늘에서
싱그러운 공기와
파란 가을 하늘이

확 하니 눈과 영혼에 들어온다.

원시적인 창조는
여기 Keystone 호수에 있음이다.

온갖 창조물들과
인간이 잠들고 깨어나는 아침

까치가 호수를 배회하고
물고기가 물 위로 인사한다

다시
요동치는 하루를
하늘과 바람이 맞는다

감사의 마음

어제 떠났던 그 임이
돌아와 다시 재 앞에 섰네
삶의 자리

가버린 세월
정녕 어쩌고
여기에 왔네

삶의 터전에
임의 따스한 연민이
나에게 다가와 왔네

불안 초조보다는
감사의 문이 열렸네

조금씩 열리네
나의 삶 속에서⋯⋯

검은 새 봄 잔치

사라진 지 참 오래다

하늘이 슬퍼하고
바람 거칠면 검은 새는 어디론가 갔다

오늘따라
검은 새들이
푸른 창공을 신호등 없이 질주를 한다

무엇이 그리 좋을까?

대지는 오랜 잠에서 일어나
따스한 태양의 메신저를 기다린다

검은 새들이 수놓은 소리
대지는 예쁜 옷을 입고
봄 준비하는 것 같다

거북이 심장을 보다

암갈색 검은 등과 같은 친구는
바다의 심연 속 해삼 속 같이
오랫동안 밀려오는 파도에도
콘크리트 벽이다

자갈밭 돌덩어리로 버려진 운동장
푸른 하늘이 발 문을 열 때
억새풀만 인사로 안부를 전한다

칼날 같은 바람 콘크리트 벽과 창문
무서운 쾌음으로 자주 찾아오고

전쟁 치른 군인처럼
침대 위
피곤에 파묻혀 누워 매일 눈을 뜬다

몇몇 거북이의 어린 호박 살갗
동장군 게릴라 침투에 장미 가시처럼
오래 머물다 간다

바다는 고요한 시냇물 돼요
눈 뜬 거북이 심장이

호수에 작은 배가 되어 찾는다
어디메뇨?
거북이 친구야

세월의 흐름 속으로

결혼

하얀 구름 꽃 펼쳐진 푸른 하늘
사람의 마음을 포용한다.

바이올린의 선율에 맞춘
경건한 결혼식

한번 왔다 삶의 터 닦고
놀이를 하고 떠날지언정

영원한 미래를 약속하는
유한한 선남선녀의 결혼

한바탕 쉬고 가는 시간
소중한 만남인
혼인의 창조는
넓은 하늘의 마음에 안긴다

고속버스 운전사

인생길을 달린다
고속도로를 누빈다
참 삶의 현장이다.

빠름과 안전이 발과 눈이다.
손은 끊임없는 좌우 가늠자이다

일상 직업이며 생활이다
승객들의 생명 구도자
작은 수레로
가르마 업보를 잡고 있다.

달려라 달리자
여행자의 목적으로
오늘의 억만 시간 속으로

다람쥐가 쳇바퀴 아닌
인생의 새로운 이정표
새로이 고속도로를 질주한다

제3부
사색의 창을 열고

구름

어둠 속 가려진 장막에
오랫동안 머물러 있는 내게
보름달 같은 어머님의 자애로운 손길
내게로 다가와
구름에 구멍 만들었네

장막의 베일이 벗겨지는 밤
통화와 사랑의 대화
마침내 어머님 보름달에는
꽃향기 풍성하고

흩어져 유영하는 구름 속
포근한 달빛
나를 포옹하시네

어머님의 도우심에 의지하며
곁에 앉을 표를 구했네

그리움

아침 이슬을 잠재웠던
가을의 가랑비는
자욱한 안개꽃 피우고

넥타이처럼 구겨진 한낮의 길
한 가닥 실오라기처럼 변해 버렸다

흘러가는 순간순간은
버려진 채 땅에 떨어진다

어디 메고 목 놓아 우는
님의 손길이

그녀의 두드림

그녀의 자태는 늘 그렇듯 활짝 핀 목화였다
잘록한 반절의 몸은 정말 아름다웠다

아름다움 안에 눈과 마음을 땅 밑에 묻고
발이 안 떨어지는 찰흙 같은 향기
향기는 한없이 펼쳐 있는 들판이다

버들은 황혼빛 석양에 기대어
평화로이 누워 휴식을 한다
나는 복사꽃 향기로 새색시가 되어
밥을 짓는다

첫 밥은 황금 들녘 버들의 밥상이다
어느 날
그녀는 아무런 소리 없이, 어디론가 사라져 버렸다

두려움과 걱정이 머리를 가로지른다

그러나 그녀의 황금빛 자태 옷자락에서
수국의 애절한 향기 스며들어
더욱 애타게 한다

그녀의 향기는 자태의 아름다움보다
심장과 영혼 속에 스며들어 눈을 감게 하고
그녀의 두드림으로 다시 만난다

남포로

누나야
누나야

들녘에 황금빛 동양화
서편에 핑크색 호수가 하늘에 걸려 있는
남포에 살자

태양과 석양이 놀고 있는
넓은 대지에 이별을 아쉬워하는 곳
남포로 가자

핑크색 산수화가 지평선에 걸려 있고
황금색 동양화가 들판에 걸려 있는
남포로 가자

혼자도 남포는 아름답다

하늘에 걸러있는
핑크색 호수와 황금빛 대지가
누나와 함께면 더 아름답다

미상

사랑인걸
아시면서
모르는 체하는 것은 무엇인가?

사랑을
받으면서
모른다는 것은 무엇인가?

정녕
모르는 것은
마음속에 꽉 차 있는 죽음

어디에 있는가
죽음은

봄의 서두

버려진 나뭇가지
피로 물든 전율이 흐르며
긴 밤을 지새웠다

흘러버린
피 속으로 파고드는
창조주의 따스한 온정이
손에 적셔진다

햇살과 땅은
지나가는 길손들의
발을 붙잡고
생의 원천을 회복시킨다
봄의 따스함으로…

삶

긴 생명 속에
하품을 내뿜는다
삶의 진실을 망각한 체

육신과 입의 즐거움
핵심 없는 변죽을
토하는 소리만 귀를 덮는다.

삶도
흩어져 버렸다가
모아두는 전환점이 있는데

지쳐버린 생
하나의 제스처가 되어 버린다.

눈을 들었건만
장막의 허둥거림 속에
잠재웠던 나날을

참 삶을 살자.

산 동네 봄 마중(Denver Colorado)

창문 밖 하얀 펠리컨 새가 오니
거위들이 떼 지어 헬리콥터처럼 울어댄다.

창문 열어 청초한 이슬과 조우하고
돌담 밑 개나리가
아침 인사 온 햇볕에 기지개를 켠다

묵음의 코골이 하던 집 앞 나무는
바람난 봄바람에 눈 비비고 주위를 살핀다

역사의 세월 무게 지탱해 온
푸르른 생명 무장한 청송
갑옷을 입은 채 먼지를 떤다

하늘과 바람
차가운 관계를 멈추고
오랜만에 나들이를 나왔다

베란다 텃밭 바질 허브가
고양이 발자국에 잠을 깨운다

온 세상이 봄 오는 소리에

시끌벅적이다

오늘따라 창밖의 차 소리가
유난히 떠들며 생명을 깨운다

삶의 여명

새벽 어두운 장막에
몸을 뒤척인다

잠이 오지 않은 이유는 무엇일까

여명 속에 다가오는 새로운 하루
설레게 하나
반복되는 일상으로 피곤한 몸 잠을 못 이룬다

인생살이도 고달픈데
Covid -19로 생활 터전에서
쫓겨나 감금된 지 오래다

잠 못 이루는 밤
목적지를 바로 앞에 두고
멈춘 이유는 무엇일까

자신에게
물어도 대답이 없다.

상경

피로와 지친 몸을 이끌고
올라탄 긴 행로

한 가닥 여운 속에
피로를 잠재운다

창밖에는
어두움의 벽이 질투하고
자꾸 늙어가는 생기 없는 얼굴

마음은 언제나 한결같으나
몸은 삐죽거리고.
자
뒤를 돌아보지 말고
멋있게 상경하자

새 봄

하늘은 모처럼
맑고 따스하다

새벽잠에서
다들 깨어나 기지개를 켠다

집안 모퉁이 남쪽 화단에
벌써 봄의 Party가 시작되었다

내 마음은 겨울의 옷을 입고 있다.

늘 입었던 겨울의 옷을
버리고 새 옷을 입어야겠다.

새 옷은 신선함과 멋을 주지만
늘 편안한 삶을 주지 못한다.

새 옷보다는
다시 세탁하는 삶을 살아야겠다.

마치 겨울이 가면
새 봄이 오듯이…

새해의 만남

2005 새해

새해에는
만남을
사랑으로 시작하소서

다가오는
첫날을
은총으로 덮어 주소서

다음 날부터
끝날 때까지
믿음과 사랑으로
섬기는 가정을 이루소서

새해에는
온유와 겸손으로
당신을 닮게 하소서

새 만남
새 탄생으로
당신의 사랑을
알게 하소서

성녀 가브리니 성지

Denver, Colorado

구름과 햇볕이 씨름하는 하늘 공간
비둘기와 바람이 구경을 한다

산은 하늘을 찬양하고
참 바람은 속세의 기운을
씻어 내는 성 가브리니 땅

성녀 고아들과 모든 삶이
사랑 하느님의 경지

오랜 세속에 젖은 땅
다시 새로워지는 성지에서
성녀의 고뇌와 고통을 새기며
자취를 더듬어 본다.

빈 수레 같은 인생의 순례
성녀의 고독과 사랑이 깃든 이곳
모든 것을 초월하는 성지의 순례가 된다

성령의 비 2

사랑 그 자체로
인자하신 주님

창밖의 나무들이 다시 생기를 찾듯
제 영혼에 단비를 내리시어

저에게도 당신의 사랑
뜨거운 성령의 비로
당신의 사랑을 부어 주시어
제 인생을 새롭게 변화시켜 주소서

창 너머로 들어오는 밤의 불빛들
그 고요함과 아름다움 앞에서
당신을 떠난 저를 보는 듯합니다.

주님
부드럽고 충만한
성령의 비를 내리시어
저의 삶이 새로워지게 하소서

숲속의 도로 거리

거리는 나무와 사람들의 생활 터이다
숲은 밀려오는 차들을 잠재운다

나무와 차
도시인들의 생활 터이다

아스팔트 대지 위에
잘 버티는 생명력의 수호자
수백 년 도시의 천사

질주하는 차들의 방어벽이다
모든 것을 내주는 삶이다

자기 자리에서 싫어한 적 없고
소음과 매연에도 철벽이다

우리를 보호하는 가족이며
공생하는 친구이자
소리 없는 천사다

사랑의 자태로

숲속의 거리를
늘 정화하고 있다
도시의 버팀목인 것 같다

아마릴리스 봄

어제는 옛날이고
오늘은 현실이며
내일은 허상과 실상의 차이다

떨기를 만들어 떨어졌던 은행나무는
겨울 속에 옛날이고
남쪽 담벽의 아마릴리스의 순은 현장이며

강풍 속에
겨울은 잠과 깸에 차이다

숫자 앞에
허물어지는 기억력은 현실이며
거울 속에 과거와 현실은 그림이다.

먼 거리에 있을 거라
생각했던 것들이
오늘 현실 속에 자리매김하려 든다

언제쯤인가?
아마릴리스꽃 은은한 아름다운 수다쟁이
무엇인지 알고 싶다.

아버지 이야기

아버지 떠남에
나는 무엇을 할 수 있는가
삶의 부끄러움을 찾으며

아버지
순결과 정직함의 여생
자식 사랑과 나눔을

그분의 삶이
고스란히 드러나는 나의 생은
삶의 쟁기를 끌고 가는 수레

얼마 남지 않은 생이 다가와
작은 골목을 만들며
정직해야 한다며 인도를 한다

가자
더 넓고 바른 길로

여정

흩날리는 머리카락
얽히고설키어

줄행랑친 시간은
옛일을 소환한다

시간이 흘러가는 지점
갈대는 바람 따라 흔들거리는데

흐르는 시간 따라
바람 따라
흔들리는 갈대의
밀어密語는
가야 할 길을 말해준다

여명의 묵상 2

아침 여명이 노크하자
속눈썹 두드리며
살포시 눈에 천막을 치는 햇빛

따스한 햇살은
새로운 삶을 일으켜
하루의 기지개를 켠다

어제의 순례
오늘도 이어지는 하루의 준비는
익숙함보다 지루함이 날개를 편다

인간의 숙명인가

연륜이 짙어지면서
나타나지 않는 새로운 세계
도전과 변화의 길로 나아가고 싶다.

영혼의 그릇

하늘을 바라보고 있는 깊은 밤
혼돈의 사유 깊어지다 사라지기를
반복하는 밤

어디서 헤매고 있는지
꼭꼭 숨어버린 내 영혼

저 먼 곳에 버리고 왔는지
은밀한 몸속 어느 구석에 가두었는지

성모님이 웃으시며
찾아주시네

하느님의 전당, 성모님의 성심
다시 헤매지 못하게
잘 보이는 성모님의 그릇에
담아 두기로 했네

안전하고 포근한
영혼의 안식처

제4부
회억의 상념

안경의 외출

안경이 첫 외출을 했다

어제저녁 같이 TV를 보았다
TV 속에 주인공들은 그대들이 없었다
부럽다는 생각을 하며 말이 없었다

오늘 아침
일찍 그대가 외출했다
말을 안 했는데 서운해서일까?
어떻게 알았을까?

그대 없이
아무것도 할 수 없다
처음 있는 반향이다.

마냥
기다릴 수 없어 밖에 나가 서성인다
잘 보이지 않는다.

돌아올 때 인기척이라도 해 주렴

아껴줄게, 조심할게 더 사랑할게

깜박 잊었어
그대의 무언의 외로움을

오늘이 너의 첫 생일날이구나
목욕하고 좋은 새 옷을 입고
너희들만 모이는 파티에 갈까?

사랑의 표시로
샴페인 사 줄게

작은 호수

버들잎 늘어진 호수

잎 하나 떨어져
잔잔한 물 표면에 낙하하면
작은 호수는 마음을 연다

아침 인사를 하는 것 같다

호수가 막 잠에서 깨어나면
사슴. 토끼, 다람쥐들이 방문하고
청녀(이슬)로 정화된 물에 세수를 한다

그들의 방문에
작은 마음 준 호수는
고요한 정적으로 휴식을 취한다

산들바람이
정다운 미소로 다가오면
즐거운 기념식 여는 호수
서열식 자세로 응답한다

참 아름다운 전경

호수의 서열 파장이다

호수 속 담았던 풍경들도
정겨운 노래를 한다

작은 호수가 응답하는 마음이다

은총

적막이 홀로 내린 방
창밖 여명의 가느다란 빛이
내 잠을 깨우고

내 영혼을 터치하시는
당신의 손길

미명未明 세상은 고요하고
아무 준비도 안 되었는데

몸과 생각이 잠 늪에
헤내는 이 시간에

살며시 찾아온
여명의 빛은

새로운 하루를 선사하는
당신의 손길이어라

죽음

찬미의 노래가 우렁차게 들리는가?
슬픔의 비탄이
서글프게 들리는가?

생의 마지막이
구성진 노래가 된다
인생의 마지막 달림은 피곤하여라

삶 속에 던져버린
죽음은
이제 꽃들과 누었다.

꽃들의 아름다움과
소멸하는 몸의 이별

이제 쉬리라
아무런 미련과 갈망이 없는
저 피안彼岸에서…

정녕 죽음은
아름다움 없이 누워있는 비극인가
곁에 누워있는 들꽃과 이야기하며

참 좋은 날

참 좋은 날

삶은
나를 신고
어느새 고희 넘긴 고갯길로
한 해가 저무는 모퉁이에 있네

인생은
다시 시작인가
아니
밝은 새 마음으로 운전해야 하는가

칠순의 독백

이승에서의 우리의 삶은
연속해 반복하는 도돌이표인가 보다

고희를 넘긴 나이에도
형이상학적인 영혼의 세계는 들어가지 못한다.

육체의 성장과 영혼의 성숙은 멈춘 지 오래다.

육체는 퇴행하며 피로가 쌓이고
영혼은 파라다이스를 향해 손짓하나
오르는 산행에 갈팡질팡이다

한계를 넘어서려는 순례자들은
기도와 명상의 산행으로
오름을 재촉한다.

창조물의 영지에 들어가기 위해
힘든 산 정상을 향해
육체의 소진이 다 할 때까지

참 행복이다

싱그런 아침과의 조우
참 좋은 행복이다
창문을 열고 밖을 본다
참 아름다운 세상이다

유리창에 비치는
눈 부신 태양
하루를 시작하며
비빈 눈을 뜬다
건강히 눈떠 있음에 참 행복이다

오늘도
삶의 계획을 짠다
날마다 할 수 있는
소소한 일들이 있어서
참 행복이다

행복은
바로 곁에 있는데
때 묵은 손으로
호주머니에 넣고 다닌다

삶은 기쁘도록 충만한 행복이다
오늘 내가 살아 숨 쉴 수 있음이
참 행복이다.

피곤함

지친 마음에 널브러져 있는
육신을 바라본다

피곤이
몸속으로 파고들어
오늘의 삶을 뒤흔든다

퇴적된 육신은
피곤 속에 허우적거리고

갈급한 영혼은
육신의 흔들림에
호숫가에서 정처 없이 서성인다

육신의 호수가
잠잠해질 때까지
영혼 깊은 사색의 눈을 감고

햇볕의 속삭임

숨죽인 나뭇가지에
따스한 햇볕이 다가와
사랑스레 속삭인다.

몇 천 년 동안
생태계의 질서에 문 굳게 닫은 나무
대답 없는 속삭임에 하루가 저문다

햇볕은
내일도 어김없이 다가와 속삭일 거라며
즐거운 미소를 머금고 떠난다

늘 다가오는 햇볕보다
다른 속삭임이 유혹적인가 보다

달은 여인이다

달은 여인이다
조용하고 우아한 자태로
나뭇가지에 걸려 있다가 가기도 한다

초승달은 슬픈 눈을 가진 아이이기도 하다
멀리멀리 떨어져 차가운 얼굴이다

달 속에 우리들의 생활이 있다
보름이 되면 배부른 여인이 되도록
오랫동안 둥글게 하늘에 오래 머문다

동물들은 짝지기에 바쁘다
물속에 고기들
하늘의 새들
아가씨들의 데이트
구석구석 소외된 곳에
재탄생의 등불로 길게 머문다

Luna는 여인이다
청순하고 자애로운 빛이다
농사를 인도하는 좌표이다

안전하게 항해하는 여인이다
만물을 인도하는 여인이다

인연의 끈

우연이 아니라 인연을 맺고 싶다

달 가 어두운 저녁에 홀로
산책에서 맞은 달맞이꽃은 우연이요

보름달 저녁 꽃단장으로 만나는
달맞이꽃은 인연이다

특별할 것이 없이 스쳐 가는 사람은 우연이고
사랑하는 사람과 만남은 인연이다

우연과 인연은
일상 속 자잘한 생활 속에 마주친다

아름답고 활짝 핀 꽃들은 우연이고
십자가의 하느님 만남은 인연이다

우연은 스쳐 가는 바람 속에 있고
인연은 숙명적인 삶 속에 있다
끈적거리는 아교와 같다

온 세상이 검은색으로 뒤덮고
온 인류들은 모여서 빌었다

지구의 죽음

엄마는 옛 고향인 아프리카에서
딸을 수술 없이 치료를 해 본다

창연한 하얀 얼굴의 어머니
다시 돌아오길 기다리며
집에 흰 옷이 걸려 있다

엄마의 죽음
딸은 하늘과 땅에 묻고
손자들은 검은 옷을 입는다

엄마!
잘못했어요
할머니께 알려주세요

엄마의 마지막 가는 길에
온 세상이 검은색으로 뒤덮고
온 인류들은 모여서 빌었다

사막 길 인생

젊음은 산행에 살았고
늙음은 사막으로 여행을 떠난다

사막은
모래 평원과 바람
목마름
더위와 추위

늙은 신앙은
사막의 오아시스 찾아가는 여정

빈 몸으로
하느님의 발자취를 동행하며
오아시스를 찾아가는
하느님의 쉼터 여정인 것 같다

어머니가 그립다

오늘은
무엇인가 빼먹은 하루 같다

죽마고우와 같이하고 싶고
얼굴을 마주 보며
이야기하고 싶은 저녁인 것 같다

어머니의
사랑스러운 포근한 가슴이 없는 자리에
친구가 대신 그립다

엄마같이
오늘 밤 꿈속에서 사랑의 밀어로
대화를 하고 싶다

잃어버렸던
사랑의 가슴에 안기고 싶다

제5부
세월의 변곡점

십자가와 인생

아담 이후
인간은 십자가를 지고 살았다

나의 삶도 언제부터인가?
십자가가 나의 생활의 파트너가 되었다

우리는 연인끼리
사랑과 나눔을 가진다

십자가는
나와 맞지 않는 것이거늘
어찌하여 언제나 같이 있어야 하나
이는 이율배반적인 삶 속에
황당하기만 하다

우리는 피상적인 십자가를 지고
따라가건만 버리고 싶어
멀리 두고 생각을 한다

십자가와 나의 생활은
언제나 평행선이다.
영원히 버릴 수 없는 삶의 고통이다

생일날에

어느덧 어제 같았던 삶이
오늘 생일을 맞았다

오늘의 삶은
다섯 명의 가족을 이루고
북적거린다

몸은 늙어가지만
마음은 더욱 젊어지며
풍요로움과 사랑이 더욱 싹 튼다

가족의 굴레안에
처음으로 위치를 알게 되며
가장임을 느낀다

인류의 구성은
가족 속에 세계가 있음을

그리고 사랑이 중요함을
생일날 일기장에 기록하고 싶다

성모님의 독백

나는 갈릴리야 시골에서 태어나
거시서 살았지
나는 순진한 철부지 처녀라네

나는 소박하게 하느님을 믿고 살면서
부모님의 뜻에 따라
동네 목수인 요셉 청년과 약혼했었지

나는 가브리엘 천사를 만나기 전에
결혼 날을 그리며 마음을 가다듬고
하느님에게 의지하며 기도로 살았지

나는 부모님의 친척 엘리사벳이
하느님의 섭리로 임신된 소식을 들었지
하느님의 사랑과 은총에 감사하였지

우리 원조 아담과 이브 창조 후에
계명을 어김으로
긴 고난의 역사 속에 기다렸던 구세주 소식은

가브리엘 천사의 메시지로
구원의 문 열었네

나에게 하신 말 "주님께서 함께 계시니"

나의 소박하고 청순한 영혼에 불 질렀네
"주님이 내 안에 탄생하신다고"
비천한 나에게

하느님의 아들
구원의 구세주 메시아 탄생 소식에
잠 못 이루는 밤이 많았네

요셉의 탄식
나의 처지를 힘들게 하였네
불륜은 돌로 쳐 죽이는 율법처럼

나의 삶은
받아들임으로
하느님과 계약 약속으로 살았네
예수님과 나의 삶은
순종 겸손 사랑 인내와 기도로
긴 여정의 삶이었네

예수님 구세주는

나의 전부이며
인류를 구원하는 하느님의 아드님이었네

영광스러운 하느님의 아들
구세주의 예수님은
찬미받으소서

내 아들
구원의 구세주, 하느님의 아들
인류의 참 구세주이십니다.

헛소리 소리

물질과 문명이 돈과 직업의 가치로 인간을 보는 척도는
잘못되어 가고 있다

자본주의와 권력주의 틀속의 수레에 인간들이 살고 있
는 것처럼 보인다
물욕 지위 식욕 말초신경에 삶의 행복 가치가 주어진다

조용한 침묵 공감은 불안과 쓸쓸함 주는
이 시대 독자는 어디에 맞추어
삶을 정진해야 하는지 묻고 싶다

Aspen Colorado

하얀 줄기들이 하늘을 쳐다본다
아주 키 큰 천년의 군락지이다

바람이 불면 사르르 웃음으로 잎을 흔든다
천상의 고귀한 천사 몸으로 영혼을 두드린다

애절한 몸짓으로 사슴을 부른다
고귀하고 부드러운 잎을 웃음으로 내준다
사랑이다 조건 없는

그대의 아름다움 서식처는 록키 산맥의 자랑이다

산을 노란색 황금색으로 단장하며
피조물은 그 매력에 정신을 잃는다

청명한 푸른 하늘과 진녹색의 높은 산속
새들은 군락지에 그 황홀함에
멀리서 서성인다

"Mountain High" John Denver 가수의 보금자리
황금빛 정원

하느님만이 초대하는
영산의 황금빛 군락지이다

하루하루

하루하루 보내는 것이
오늘따라 무섭다
아니 너무 빨리 간다

이런 시간의 흐름을 느껴 본 적이 없다

언제부터인지
일상생활에 대해
일기를 쓰고 싶어 졌다

마치 보물을 금고에 넣어 두고
바쁘지 않을 때
꺼내 보는 즐거움을 보듯이

자성과 성찰 묵언의 시간 속
나의 생활을 재조명하고
쉬어가는 계기가 되었으면 한다

이태섭 신부

진정으로
이웃을 위해 헌신하면
오직 사랑밖에 보이지 않는다

사랑에 미치고
모든 삶이 희생으로
자아를 잃어 버린 채
전념하게 한다

사랑은
아무런 조건 없이
베푸는 것이고 나눔이다

우리 마음에
소리 없이 찾아와 동요되어
눈물이 흐른다

고 이태섭 신부님의
사랑이 나의 마음에 자리하여

우리의 남은 여생에 물어본다
자네는 어떻게 살 것인가?

어머니

어머니
참 성스럽고 아름다운 이름
불러도 불러도 언제나 포근한 이름

눈시울 적셔도
꿈에서나 볼려나
눈을 감고 기다린지 오래다

이 세상에 제일 포근한 곳
어머니의 가슴

오늘 저녁
꿈속에서 기다린다
어머니의 향내가 그립다

어머니
참 보고 싶은 이름

삶의 자리

참 삶은 순례자이며
숨바꼭질 같다

나 자신의 나를 모르듯
내 옆 식구들을 모른다
아마 우리들의 한계인 것 같다

하루하루 변하는 생각 행동이
그렇듯
영원은 없으며
변하지 않는 관계는 없다
참 우스운 일이다

생활의 정진은
늘 흔들거리는 나무와 같다

바람이 불면
뿌리는
그대로인데

사계절의 옷을 입듯이
삶은 오늘도 변하며 익어 가고 있다

동지의 적막

밤의 시간이 길다
세상이 멈춘 듯 어두움에 잠든다

눈을 뜨니
아침 8시인데
좀처럼 어두운 장막을 거두지 못한다

세상을 가두어 놓은 어두움은
에덴동산의 사과와 같다

적막을 걸어가는
회개와 하느님의 사랑과 자비를
기다리는 날이다

참회하며 기다림에
아기 예수님의 탄생으로
어두운 적막을 서서히 걷어진다

새해맞이

어제의
시간이 겹쳐 눈을 뜬다
새해인가 보다

올 새해는 새로워지자
눈 비비고 천장의 선풍기를 켠다

시계 방향 반대는
어제요

못 이루었던 아쉬움들이 얼굴과 눈에 내려온다
답답함에 눈을 감는다
작년의 시간이다

시계 방향으로 돌린다
오늘의 시간이다
새해에 소망의 눈을 뜬다

돌아가는 날개에
희망과 계획을 실어
두 번째 버튼을 다시 누른다

유령의 다리

금문교는
붉은거북 유령이다

하루 시작과 일과를 마치면
유령은 쉬지 못한 자세로 버티고 있다

눈을 감은 지 오래다

물음표 없이 넘어오는 이방인
언제나 침략한다

먼 거리 바다 여인들이
내 밑에 지나면
겉은 조금씩 거북이 등처럼 출렁인다

홀로 버티어 온 세월을 누가 알리

먼발치 2백 년 백송 친구만
서러움을 안다

사진을 찍고 있다

백송 나무가
방문자에게 유령이 되어 버린
잠이 든 붉은 거북에 대해 말을 할까

청보리 들녘

청보리 넘실대는
어머니 품 같은 들녘
고창 평야

청보리는 바람 따라
잔잔한 파도 같은
피아노 연주를 한다

생명의 약동을 연주하듯
우리들을 부른다
넓은 푸른 대지에

뭉게구름 수놓는 하늘과
쪽빛 파도의 하모니 연주
지평선 5월의 청보리 축제
정이 깃든 고창에

사순절

벌어진 삶 틈 속에
캄캄한 어둠에서
삶의 힘이 움트는 사순절

비통의 슬픔 속에서
피어나는 하얀 라일락 같은
주님의 부활이어라

한 번쯤
거친 파도와 같은 역경 속에
주님의 고통과 사랑이
나의 영혼에 두드림으로 오는 성 삼일

주여!
저에게 감당할 수 있는
십자가를 주시고

저의 뜻대로 아니라
주님의 자비와 사랑으로
베풀고 이끄는 은혜의 삶
허락하소서

삶 속에 성령

삶은
주님이 주신 선물
그냥 선물이기에
내용과 포장이 각각 다르게 있네

삶은
정직 겸손 사랑
주님께 향한 마음이어라

언젠가
우리는 선물의 내용물을
독자적으로 만들었네
주님의 의도와 달리

주님은
언제나 겸손과 온유함의 성정
하늘에서 말 없는 분

십자가와 감실을 보지 않으면
내 잘못 내 행위가
부끄럽지 않네

나의 죽음에서
만나실 주님 자비와 은총을 비네
천당으로

언제나
인자하시고 자비로운 주님

적은 공덕과 사랑으로
하느님의 자비를 빕니다

성령의 열쇠로
선물 상자 열어
삶 속에 살아 숨쉬는 주님의 말씀을 들으며

외로운
인생의 순례길 쉬어졌네
주님의 인도로

내 남은 생애를 주님께 맡겨
주님이 주신 선물을
풍성과 사랑으로 채우리

성령이여
저의 고착화된 죄
작은 것부터 회개하오니
예리한 당신의 칼로
저의 습관을 부숴주소서

그리하여
주님 원하시는 대로
당신의 도구로 만드소서
저는 당신의 도구입니다

성모의 계절 – 5월

5월은
겨울의 어두운 장막을
벗어 버리고
따스한 생기가 있는 계절

5월은
햇빛이 어두웠던 창문 구석 비추시고
새로운 생명을 잉태하는 계절

5월은
라일락과 아카시아가 온 땅에
향기를 품어내며 어머니의 달을
알려주는 싱그러운 계절

5월은
생명의 잉태가
아니, 구원의 구세주가
어두운 세상을 비춰주는 계절

5월은
얼어붙었던 온 땅에
새로운 온기를 불어넣어
어제 죄에서 삶을 자성하는 계절

성지 가지 들고

팔마 나뭇가지 꺾어
길에 깔아 드립니다
황홀한 입성이
마지막 구원 사업에
참담한 십자가 길이였습니다.

삶의 시작 모퉁이서
펼치지 못하고
떠나는 짧은 시간이어라

성지 가지를 들고
떠나는 성자를 바라보는
똑같은 삶이
나에게는 허상의 꿈을 꾸는 것인가

삶은 허상과 진실이 교차되고
허상은 화려하고
진실은 영혼과 양심의 소리이어라

씨앗

나무의 자태는 변하지 않고
늘 그 자리 같은 장소에서
옷만 갈아입는다.

나무는
원래 태여 낳을 때
받은 씨앗을
그대로 재생산하며 자란다

우리도 씨앗을 가지고 태어난다
바로 영성이다

우리는
씨앗 뿌린 절대자의 존재를
모르는 체

형이상학

눈을 떠
마음을 열어
머리를 위아래로

왜서
인간은 형이상학 아래 헤매는가

현재도 얽히고설키고
가닥을 못 잡는다

누가 형이상학 위에 서 있는가
끝없는 도전이다.

노트북 인생

새 좋은 날
맑은 영혼의 생활을 계획하며
오랜만에 노트북을 샀다

삶은
나를 싣고
어느새 고희의 고갯길과
한 해가
저무는 모퉁이에 있네

인생은
다시 시작할까

아니
사랑으로 노트를 다시 쓴다

제6부
노을진 황혼의 연가

새들의 아침 인사

창밖이 그리워 커튼을 내린다
싱그럽고 수정 같은 하늘
록키 산 영산 공기를 맛본다

어디선가 문뜩 작은 새 쌍이
내 머리 위 처마 지붕 끝에 앉는다

머리를 좌우로 꼬리는 위아래로
몸통을 숨었다가 보여준다
들떠 있는 기분이다

바쁜 몸짓과 눈은 사랑을 나누며
신방을 찾는 것 같다

해맑은 웃음으로 인사를 한다
좋은 아침이라고 뒷날개를 든다

금세 가까운 나뭇가지에 앉아
짝 지기를 하는 중이다

다음 날에는
예쁜 아기 새들과 같이

인사가 기다려진다

참 쉬운 만남과 짝지기이다.

집 앞 우체통

집 앞 우체통이 묵묵히 서 있다
새들의 노래터 쉼터이다

우체통 안에는 희로애락이 있다
매일매일 찾아오는 소식은
오늘 역사의 현장이다

글자로 오는 어제와 오늘이며
내일의 가늠자이다

새들의 쉼터 속에
나의 희로애락이 들락거린다

내일의 현장도 서 있는 우체통이다

좋은 소식을 기다린다
내일의 희망과 바람이다

새들이 잠시 몰려와 왁자지껄 노래를 한다
좋은 소식이 올 것 같다

우체통을 열어 본다

외국국적 동포 국내 거소증 신고증이
반기며 웃는다

냉정한 침묵

냉정한 침묵은 거리를 둔 전쟁이다
다툼으로 대화가 없는 침묵이다
반성 없는 혼자의 시간이다

서로 내적 주파수가 없는 이방인이다
끈이 떨어진 자체이다

냉기가 최고로 오르면
온기 넘어오지 못한 장벽이다

주파 메아리를 맞추는 중이다
온기가 사랑의 주파수로 오면
끊어진 대화가 열린다

침묵과 대화는
자주 일어나는 인생사인 것 같다

냉정한 침묵은
더 높은 사랑의 메아리가 올 때까지
어두움으로 가려진 장막 속에 머문다

비 속으로

비는 검푸른 하늘에서
거리 속으로 내려온다

거리는 흠뻑 젖은 옷으로
목욕을 한다
오랫동안 두꺼비 등이 사라졌다

장대비가 오려나
나도 기다린다

오랜만에 목욕을 하고 싶다

사랑은 어디에

사랑을 아시면서
모른다는 것은 무엇인가?

사랑을 받으면서
모르는 체하는 무엇인가?

정녕 모르는 것은
마음속에 가득 차 있는 무관심

사랑은
어디에 있는가?
바로 옆에 있다

여로

흩어지는 머리카락
서로 엉키고 헤쳐가고

시간은 뒷걸음쳐
잊었던 옛일들을 생각게한다

정적이 흘러가는 지점
갈대는 죽음의 바람 따라
흔들거리는데

밀리서 들려오는 빌어와 새소리는
깊은 빌딩 속 터널에 스며들어
어렴풋이 나를 깨운다

힘내라
저 밀려오는 파도를 보라!

사랑의 열쇠 나침반

삶은 주님이 주신 선물
선물이기에 포장이 각각 다르네

삶은
정직 겸손 사랑 주님을 향한 마음이어라

언젠가
우리는 선물의 내용물을
각자 다르게 살았네
주님의 의도와 달리

주님은 감실과 하늘에 계시는
말없는 분

십자가와 감실을 보지 않으면
내 잘못 행위가 부끄럽지 않네

막연한 죽음에서
만나시는 주님이 두려워

사랑의 열쇠로 기도 속에서
선물 상자 속 나의 탤런트를 찾아

삶의 새로운 나침반을 보내

가자
나침반 속으로!

성체 앞에서

감실안에
언제나 계시는 주님
이 시간에도 무엇을 하십니까?

감실은
언제나 어둡고 답답하며
홀로 계시는 곳에
오늘 아침은 드셨습니까?

당신은
한 번도 외출 없는 곳에 계셔
밖을 잘 모르시는지요?
찾아오는 죄 많은 영혼들의 소리에
늘 바쁘신지요?

부활은
조용한 사건으로
당신은 자취를 감추고
조그만한 감실 속에 계시는지요?

또다시
우리들의 배반이 무서워

아니 당신의 용서 사랑을 보여주기 위해
감실 속에 계시는지요?

주님
오늘은 마음이 추운 겨울입니다
당신의 똑같은 온도의 따스함으로
추운 가슴이 더 따사롭게 느낍니다.
내 차가운 빈 마음 때문에

원하는 대로 만드소서

언제나
나의 삶 속에 살아 계시는
당신의 말씀을 들으며

외로운
인생이 순례길 쉬어졌네
당신의 인도로

내 남은 삶
당신이 맡겨 주신 선물로
풍성과 사랑으로 채우리

사랑의 눈빛으로
저의 습관 된 작은 것들부터
예리한 칼로 부숴주소서

그리하여
당신이 원하시는 대로
저를 만드소서
저는 당신의 도구입니다.

인상

당신은 어떻게 나에게
그리 깊은 인상을 남겼습니까

당신과의 첫 만남에 어떤 인상을 주신 것입니까?

당신과 헤어진 뒤 어떤 인상이 새겨진 것입니까?

저도 당신의 깊은 인상을 새겨지고 싶습니다
그리하여
당신의 인상을 가슴에 묻고 싶습니다.
오래 느끼고 싶습니다.

주님에게 독백

주님
저와 같이 좋은 날 산보하고 싶습니다

당신의 집은
오늘도 영혼의 양식을 만드시느라
바쁜 신 모양입니다
제가 도와 드리겠습니다

당신의 고독함을
차가운 감실 아무도 찾아주지 않은
그곳에 당신의 자녀들을 두십시오
사랑하는 아들 화해하는 딸
그리고 용서의 막내를

당신은
깜깜한 감실안에서 기다리십니다
사랑 용서 화해의 마음으로
짐 진 자 힘든 자 오너라 하시며

주님!
당신은 고요 침묵 속에 계시는 것 같습니다

감실 안에 사랑의 미소로

오늘도 내일도!

창공을 나르는 비행기 안에서

주님
오늘의 마지막 삶을 비행기에 띄웁니다.
오늘 만났던 분들
나에게 체험을 들려주신 분들
저에게 면담해 주신 분들
자기 삶의 체험을 들려주신 분들
침묵 속에 영신 수련하셨던 분들
모든 분들이 당신을 만났습니다.

당신은
오늘도 각각 다르게 나타나서 우리 속에 계십니다
100일도 안 된 아이를 잃어버리고 슬퍼하는 어머니
4년 동안 당신과 격렬 속에 살았던 자매님
삶의 어려움에도 당신이 계셨습니다.

우리의 삶은
거짓 없는 하루였습니다

우리들의 대화 속에 특별히 당신이 계셨습니다.
우리들의 삶의 현장에 당신의 자취가
우리의 침묵 속에 당신의 대화가
우리의 매시간마다 당신이 인도하셨습니다.

주님
저의 하루를 마감하는 시간입니다
비행기도 지상에 미련을 버리고 하늘을 나릅니다
더 가까운 당신을 만나기 위해

주님
오늘 밤 저에게 오셔서 덴버까지 모시겠습니다
저의 불안과 초조함을 아시지요
당신께서 저를 지배하시어
내일부터는 당신께서 삶을 운전하소서

어둠 속에 창공은
당신과 대화가 잘 이루어질 것 같습니다
당신께서 하늘의 방향의 key를 갖고 있음에 의탁하였습니다.

주님
칠흑 같은 창공은
오직 당신만이 항해사이십니다
저의 삶이 어두운 잠 속에 있을 때
저를 일찍 깨워 주십시오

주님
저의 삶이 잠깐 칠흑 속에 머물 때
절대 포기하지 말고
기다리는 용기와 지혜를 주십시오
갈바리아 산의 기도는 원치 않습니다.

주님
같이 여행하는 이들에게도
주님과 대화하게 하시고
그들의 삶 속에 역사하소서
내일이 있음에 사랑을 나누도록

작은 새

비 오는 늦은 오후에
작은 새가 날아
뒤 정원 의자 위에 앉아 있다

머리를 좌우를 흔들며
짝을 찾는지 쉼터를 찾는지
외로운 홀로 모습이다

물끄러미 바라보니
늙은 우리의 인생사이다

창문을 열며

날이 밝아 오매
나는 창문을 열고
님을 초대하며 새 하루를 연다

어제 님과 삶이
사랑하는 날이 되도록
하늘을 향해 기도를 한다

오늘도
님과 함께 하루 종일
목적지까지 나눔을 하소서

저는 따를 뿐입니다
또한 쳐다볼 뿐입니다
당신의 눈길만

나 홀로 서서

어린아이는
나 홀로가 없다

뛰어노는 애들은
홀로를 모른다

사춘기에는 첫 사랑과 연인이 있다

결혼은 황홀한 순간이고
자식은 눈에 들어있다

노년은 홀로 와 동반자이다

사람들 속에서 빠져나와
창밖 의자에 앉아 쓴 커피를 마시며
옛 팝송을 듣는다

인생의 노년은
홀로이다

눈길

눈길
이웃을 바라보는 눈길
연인을 바라보는 눈길

세상을 바라보는 눈길
정의를 알아보는 눈길
그 눈길을 가르쳐 주세요

당신을 만났을 때를 기억하십니까?
당신은 깊은 인상의 눈길이었습니다.

아름다운 눈길을 가르쳐 주세요

다시 7월이

7월은
식물들의 청춘이요
왕성한 표현의 전성기이다

하늘의 사랑의 축복이며 노래이다
대지위에 새들은
태어난 아이들의 보금자리요

멀리서 날아온
큰 호랑나비는 비행기처럼 날아와
쉴 틈이 없다

구름은 높이 높이 떴다
푸르름의 가지로 그늘 장막을 쳤다

7월은
떠나보낼 수 없는
온 대지의 청춘이다

우리를 부른다
산과 바다로….

해설

오금석 시집 『먼 하늘 바다 너머』

인생, 그 연민의 바다에서

김신영 (시인, 문학박사)

1. 먼바다에서

인생은 큰 바다에서의 항해와 같다. 어떤 일이 닥칠지 모르는 거친 바다에서 불확실한 환경과 부딪혀 살아남아야 하는 일이기 때문이다. 그러므로 인생을 도저하다고 말할 것이다. '도저到底하다'는 '생각이나 학식이 아주 깊고 철저하다'라는 뜻과 '아주 곧아서 빗나감이 없다'는 의미로 쓰고 있다. 한자를 살펴보면 이를 도到와 깊을 저底를 써서 의미를 활용한다.

그만큼 우리의 도저하게 흘러가는 우리의 인생은 결코 가볍다고 말할 수 없다. 즉, 한 사람 한 사람 각자가 살아내는 인생이 어느 한 인생도 가볍지 않다는 것이다. 그러므로 인생은 살아내는 것이며 이것이 녹록지 않아서 인생은 진부한 의미와 가치의 집합체라 할 것이다.

그 진부함, 무게감을 잠시 잊기 위해 우리는 여행을 하기도 하고 책을 읽으며 힐링을 시도한다. 또한, 시를 쓰고 글을 쓰고, 무언가를 기록하는 작업을 시도한다. 더구나 고국을 떠나 척박한 해외의 먼 땅에서 자신의 생을 이루어 간다는 것은, 더욱 그 의미가 크다고 하겠다.

국내에서의 경쟁도 치열한데 해외에서 나름의 성공을 거두며 살아온 오금석 시인은 도저한 인생의 강에서 승리한 사람이라 하겠다. 그의 고군분투가 시에서 빛을 발하고 있다.

이 시집에는 오금석 시인이 거쳐온 인생이 항해일지처럼 담겨 있다. 그의 인생은 책에서 중요한 페이지에 밑줄그어 비표를 하듯이, 어느 한 줄도 중요하지 않은 것이 없을 만큼 소중하고 안타까우며 아름다운 기억이라 하겠다. 그만큼 그가 지나온 인생은 도저한 강물이 되어 연민의 바다로 흘러들면서 우리 곁을 도도하게 흐르고 있다.

2. 지혜로운 독백

인생에서 우리는 살면서 부딪치는 많은 문제와 직면하게 된다. 그것은 혼자 감당하기에는 벅찬 경우가 많다. 그럼에도 우리는 그 문제들을 혼자 해결해야 한다. 때로는 신앙심을 빌리거나 먼 거리로 떠난다. 자신을 견디기 위해 사람들은 여러 행동을 한다. 그중에 불면은 좀 경우가 다른 형태다. 지나치게 힘든 문제들로 인해 잠들지 못하는 영혼을 대표하기 때문이다.

인생의 절반이라 할 49년이라는 긴 세월을 해외에서 크고 작은 파도와 부딪쳐온 오 시인은 시구에 자신의 고민을 하나하나 털어놓는다. 또한, 그때마다 지혜로운 결정을 내린다. 인생은 피곤하여 잠들지 못할 만큼 수면을 방해하는 어려운 문제와 맞닥뜨리나 시인은 절대자와 조우하면서 인생의 난제들을 해결한다. 오 시인은 신과 진부한 대화를 시도하면서 더욱 신앙 안으로 침잠한다. 신은 전지전능하므로 그가 가진 문제들을 거뜬하고 명쾌하게 해결해 줄 수 있을 것이라 믿기 때문이다.

> 밤의 적막이 너무 길다
> 세상 멈춘 듯 어두움에 잠든다
>
> 눈을 뜨니
> 벌써 자시子時의 새벽인데
> 좀처럼 어두운 적막 떠나지 않는다
> 온 세상 에덴동산의 사과를 연상케 한다
>
> 우리의 적막을 걷어가는
> 주님의 자비를
> 기다리는 시간이다
>
> 참회하며 기다림에
> 주님과 화해 사랑으로
> 어두운 적막이 서서히 걷어가니
>
> 부활이다.
> 　　　　　　―「회개의 부활」

불면의 밤은 길고 적막은 깊다. 세상은 모두 잠들어 있는데 홀로 깨어 긴 밤의 길이를 실감한다. 새벽이 되었는데도 적막은 여전하다. 밤은 마치 에덴동산의 사과처럼 유혹적이기도 하다. 두려움이 엄습하고 유혹을 견디기 힘들다. 하여 시인은 주님의 자비를 기대한다. 어떤 일이든 잘하고 싶어 애를 쓰는 시인의 모습과 노력이 역력하게 드러나는 시다.

신앙은 인생들이 삶을 견디는 시간의 집합이라 할 것이다. 즉, 신앙에 의지하는 사람은 의지가 박약한 사람들의 행동이 아니라 오히려 강한 의지를 가진 사람이다. 신앙은 누구보다도 자신을 지켜내고 이겨내는 행동에서 출발하는 것들의 일환이다. 즉, 신앙을 가진 자들은 오히려 견디는 힘이 강하다.

어떤 일이든 누군가와 함께한다면 강해진다. 마찬가지로 신과 인간이 함께 헤쳐 나가는 일이야말로 너욱 큰 힘을 갖고 두려움 없이 굳게 앞으로 나아갈 수 있다.

사람들은 인간의 힘으로 어쩔 수 없는 수많은 것에서 자신을 굳건히 지키기 위해 나름의 무언가를 선택하고 의지한다. 이를 전지전능한 신에게 맡긴다면 해결 못할 것이 없다. 심지어 모든 것에 해답이 있다. 절대자를 믿고 그의 부활을 기억하는 시인은 그 힘을 믿으며 힘차게 인생을 헤쳐 나가는 중이다.

시인은 그간의 행동을 참회하면서 인내하며 기다리고, 결국 화해와 사랑이 공존하면서 어둠이 걷힌다. 즉, 새로운 날이 시작되었으며 이는 새롭게 다가오는 나날이다. 이를 시인은 부활이라고 말한다. 늘 오는 아침은 시인에게 새날이며 부활이다. 그것은 희망이며 견딤이며 이기는 것이다. 시인은 적막을 뚫고 끝내는 이기고 부활하는 것이다.

  하늘은 같이 푸른데
  연연한 강과 산은 풀리지 않고

  허리를 동여매던 70년
  갈기갈기 찢어진 백의를
  꿰매고 있는 8도의 문

  역사의 혈맥이 흐른다

  평화의 대화가
  불꽃처럼 치솟아 오를 때
  부스럭거리며 종이를 접는다
  이국으로 떠나기 위하여

  외국인들은
  구경거리로 스케줄을 짜고 있다
  이름도 모르는 먼 미국 땅에서

  백의의 단절을 남긴 채 판문점은
  오늘도
  역사의 혈맥이 되어 흐른다
    ―「판문점」

 시인은 분단의 조국을 안타까워하면서 판문점에 선

다. 하늘은 너무 푸르고 아름다운데 한반도의 강과 산은 아직도 풀리지 않고 얼어 있는 것이다. 분단은 70여 년의 세월이 흘렀지만, 아직도 허리를 동여맨 채로 갈기갈기 찢어져 하얀 옷을 입고 있다.

그럼에도 역사는 흐르고, 그 혈맥은 웅대하게 한반도를 흐른다. 판문점에서는 때로 평화의 대화가 오가고 그 대화가 불꽃을 튀기며 치솟을 때도 있다.

그렇게 어찌할 수 없는 거대한 역사의 물결 앞에서 시인은 이제 조국을 떠나 멀리 이국땅으로 가기 위해 스케줄을 짠다. 이름도 모르는 미국 땅에서 그는 살아가게 될 것이고 조국은 여전히 허리를 동여맨 채 아픔의 지난한 역사를 써 나갈 것이다.

한반도의 한국인들은 조국의 분단 상황에 대하여 어쩔 수 없는 현실에 절망하기도 하면서 안타까워한다. 우리는 통일을 원하나 그러기에는 주변국과 많은 논의가 우선되어야 하는 것이 우리에게 닥친 현실이다. 그 논의들은 우리 힘만으로 되는 것도 아니다. 이에 혈맥이 흐르는 조국을 사랑하는 열렬한 정신은 나라 사랑으로 가득한 모습이다.

    바람이 분다
    벚꽃 나뭇가지를 흔든다
    간지럼일까?
    두드림일까?

    하얀 꽃잎은 겨울 아닌
    포근한 태양의 안내를 받으며

마치 눈보라처럼 나무에서 내려온다
한 잎의 꽃이 나에게 온다
청순한 아이처럼 갈팡질팡이다
큰 행사장 마친 후 흩어지는 인파같다

하늘에서 사뿐히 내려오는 눈 날림은
예쁜 아이들의 어머니 품속 탈출이다

철없는 나무들도
행동하는 동물과 같다

왜 몰랐던가
   —「하얀 꽃바람」

 나뭇가지를 흔드는 바람을 재미있게 묘사한 작품이 「하얀 꽃바람」이다. 꽃이 가져다주는 기쁨은 여러 가지가 있겠지만 무엇보다 화려하고 아름다운 존재의 모습일 것이다. 색깔도 아름다울 뿐만 아니라 풍경까지 아름다운 존재다. 봄이라는 계절이 주는 커다란 기쁨이 잘 나타나고 있다.
 봄이면 만물이 생동하고 사방에서 꽃이 만개한다. 특히 벚꽃은 바람이 불면 눈보라처럼 흩날린다. 그러한 하나하나의 꽃 이파리는 행사장에 가득 찬 사람들이 흩어지는 모습과 같이 아름답게 흩날리면서 화자에게 다가온다.
 이렇듯 하늘에서부터 하강하면서 시작되는 꽃잎의 아름다운 흩날림은 아이들이 어머니의 품을 떠나는 것 같다고 시인은 생각하기도 한다. 철없는 나무들의 행동이라고 말이다. 사실 어머니를 떠나는 것은 철없는 행동이기도 하지만 독립적 존재로의 행보를 의미하기도 한다. 따라서 하강하는 꽃잎들처럼 어머니의 품을 떠나는 용기 있는 자녀들의 걸음도 아름답기는 매한가지다.

> 말이 짜증이 났는지
> 입에서 집 밖으로
> 가끔 외출을 한다
>
> 적막한 조용함이
> 머리와 입을 자물쇠로 잠근다
>
> 멍한 마음은
> 잠시 휴식에 잠들고
> 몸도 요동을 멈춘다
>
> 창밖에 들리는 소리에
> 네가 여행에서 갑자기 돌아왔나 보다
> 고맙다 하여
> 머리와 몸은 다시 너를 맞이하여
> 더 아름다운 사랑의 아리아를 부른다
>
> 언제 왔는지
> 영혼도 같이 말을 한다
> ─「말의 외출」

'말'을 의인화하여 삶을 묘사하고 있다. 말은 사람처럼 치환하여 외출한다. 그런데 말은 가벼워서 짜증을 잘 낸다. 말이 외출한 이유가 짜증이라면 그 말투는 고운 모습은 아닐 것이다. 짜증과 화가 뒤섞인 말이라 하겠다. 그런데 가끔 외출하는 것으로 보아 자주 있는 일은 아니다.

  삶에서 거칠고 짜증이 날 때 가끔 말은 외출하여 자신의 분노를 표출한다. 그러니까 삶에서 어떤 일로 인하여 짜증이 난 상황에 도달한 상태는 짜증 난 말로 드러난다. 시인은 이를 자신의 화가 외출한 것이라고 우회적으로 표현하여 마음을 다스리고 있다. 진심은 아니라는 뜻이다.

  우리나라는 욕이 매우 발달한 나라다. 욕은 저급하고 거친 말로 드러난다. 다시 말해서 거칠고 저급한 말로 자신의 분노를 표현한다는 의미다. 거친 말을 쏟아 놓으면 자신의 감정을 다스리기 쉬워지는 경향이 있으나, 거칠고 짜증 난 말은 듣는 이들은 귀를 의심하며 상처 받는다.

  이에 짜증을 내지 말고 말을 내면화시켜야 한다. 결국 말은 여행에서 돌아온다. 그러나 적막을 뚫고 돌아온 말은 사랑의 아리아로 나타나고 그의 영혼도 함께 아름다운 말을 쏟아 놓는다. 그렇게 돌아온 말은 고맙게도 아리아를 부르는 사랑의 말로 변화되어 돌아온 것이다.

3. 사색, 영혼의 그릇

  도도하게 흐르는 거대한 강물처럼 인생이 이런저런

큰 획을 그으며 유유히 흘러간다. 그러한 중에 오금석 시인은 아름답게 활짝 피어있는 꽃을 만난다. 꽃은 자신만 아름다운 것이 아니라 주변 풍경까지 아름답게 만들며, 보는 사람들을 자신의 아름다움에 반하게 한다.

아름다움에 반하는 우리의 감정은 급기야 아름다운 것을 보고 노래하고 시를 쓰기에 이른다. 여기에서 아름다움의 대상인 꽃은 겉모습은 물론 내면도 아름다운 상태라 할 것이다.

겉만 아름답고 내면이 아름답지 못하다면 그 아름다움이 훨씬 감소할 것이기 때문이다. 외면도 내면도 활짝 피어있는 향기로운 꽃에게 반한 시인의 모습이 아래의 시에 나타난다.

> 그녀의 자태는 늘 그렇듯 활짝 핀 목화였다
> 잘록한 반절의 몸은 정말 아름다웠다
>
> 아름다움 안에 눈과 마음을 땅 밑에 묻고
> 발이 안 떨어지는 찰흙 같은 향기
> 향기는 한없이 펼쳐져 있는 들판이다
>
> 버들은 황혼빛 석양에 기대어
> 평화로이 누워 휴식한다
> 나는 복사꽃 향기로 새색시가 되어
> 밥을 짓는다
>
> 첫 밥은 황금 들녘 버들의 밥상이다
> 어느 날
> 그녀는 아무런 소리 없이, 어디론가 사라져 버렸다

그러나 그녀의 황금빛 자태 옷자락에서
　　수국의 애절한 향기 스며들어
　　더욱 애타게 한다

　　그녀의 향기는 자태의 아름다움보다
　　심장과 영혼 속에 스며들어 눈을 감게 하고
　　그녀의 두드림으로 다시 만난다
　　　　　　―「그녀의 두드림」

　이 시에서 꽃은 그녀의 모습으로 변환되어 나타나고 있다. 그녀의 모습처럼 아름다운 꽃은 목화이고 버들이며 수국이다. 아름다운 그녀는 발이 떨어지지 않는 그윽한 향기를 지니기도 했다. 그렇게 아름다운 모습은 심장과 영혼에 스며들고 또한, 자신을 다시 일으키는 두드림이 되며, 급기야 자신을 일으켜 세우는 위대한 힘을 발휘하기도 한다.

　화무십일홍花無十日紅이라고 꽃은 곧 사라지지만 그 모습은 마음속에 남아서 영원히 아름답게 피어 시인의 인생을 환하게 비춰 줄 것이다. 그것은 추억이라는 이름으로 남은 행복하고 아름다운 그림이다. 꽃은 아름다운 형상을 전하고 시인은 꽃을 추억하면서 삶에서 향기와 아름다움을 얻고 가치 있게 살아갈 것이다.

　　어제는 옛날이고
　　오늘은 현실이며
　　내일은 허상과 실상의 차이다

　　떨기를 만들어 떨어졌던 은행나무는

가을 속에 옛날이고
남쪽 담벽의 아마릴리스의 순은 현장이며

강풍 속에
겨울은 잠과 깸에 차이다

숫자 앞에
허물어지는 기억력은 현실이며
거울 속에 과거와 현실은 그림이다/

먼 거리에 있을 거라
생각했던 것들이
오늘 현실 속에 자리매김하려 든다

언제쯤인가?
아마릴리스꽃 은은한 아름다운 수다쟁이
무엇인지 알고 싶다
        —「아마릴리스 봄」

  지나가는 세월 속에서 오금석 시인은 '어제는 옛날'이고 '오늘은 현실'이라고 하면서 절실한 깨달음의 말을 건넨다. 이미 위대한 철학가들이 짚어낸 말이지만 삶의 현장에서 시인도 절실하게 느끼게 된 것이다.
  다시 말해서 시인은 이미 지나가 버린 과거의 시간에 대하여 깊이 숙고하고 있다. 그것은 옛날로 지칭되는 시간 속에 있다는 것, 바꿀 수 없다는 것을 의미한다. 또한, 오늘이라는 시간은 지금 당장 자신에게 닥친 현실이라는 것을 느끼게 된다. 현실은 지금 당장 견뎌내야 하는 현장이다.

    냉정하고 매정한 시간은 누구라도 기다려 주는 법이 없으며 오늘의 현실은 날마다 당도한다. 그리고 오지 않은 내일은 허상인지 실상인지 시간의 흐름을 피부로 느끼게 한다. 은행나무 잎이 떨어지고 계절은 겨울로 치닫고 있다. 그리고 아마릴리스의 봄은 이내 다시 다가올 것이다.

    지금은 강풍이 불고 있는 겨울을 지나야 하지만 그것도 곧 지나갈 것을 안다. 현재의 시간은 곧 과거의 그림이 될 것이다. 즉 미래의 시간은 먼 거리에 있을 것으로 생각했으나 곧 현재가 된다. 문제는 현재라는 시간은 치밀하고 가열하게 살아야만 한다는 것이다. 이에 시인은 숫자를 들먹거리며, 기억력을 시험하며 현재를 살아내고 있다. 그것은 견딤이며 이겨냄이며 극복이라 할 것이다.

    하늘을 바라보고 있는 깊은 밤
    혼돈의 사유 깊어지다 사라지기를
    반복하는 밤

    어디서 헤매고 있는지
    꼭꼭 숨어버린 내 영혼

    저 먼 곳에 버리고 왔는지
    은밀한 몸속 어느 구석에 가두었는지

    성모님이 웃으시며

찾아주시네

하느님의 전당, 성모님의 성심
다시 헤매지 못하게
잘 보이는 성모님의 그릇에
담아 두기로 했네

안전하고 포근한
영혼의 안식처
　　—「영혼의 그릇」

　시인은 하늘을 올려다보면서 깊은 밤에 혼돈의 사유를 헤집는다. 생각은 많고 밤은 깊다. 시인은 밤의 시간에 자신의 혼돈을 정리하는 중이다. 심지어 자신의 영혼이 보이지 않기에 깊은 밤이지만 꼭꼭 숨어버린 영혼을 찾아다니고 있다.

　영혼은 저 먼 곳에 두었는지 은밀한 구석에 가두었는지 찾을 수가 없다. 이에 성모에게 기댄다. 성모는 웃으면서 아주 쉽게 화자의 영혼을 찾아준다. 이에 화자는 자신의 영혼을 성모님의 그릇에 담아두기로 한다.

　그것은 다시는 영혼을 잃지 않고자 하는 행동이다. 이로써 시인은 안전하고 포근한 영혼의 안식처를 찾은 것이다. 다시는 자신을 잃어버리지 않을 피안을 찾았기에 시인은 안심한다.

　시인은 혼돈의 사유 속에 있지만 이제는 아주 잘 보이는 곳에 자신의 영혼을 두었으니 영혼을 찾느라 더 이상 시간을 낭비하지 않을 것이다. 완벽한 장소를 찾은 셈이니 말이다. 영혼을 찾는 일은 자신을 지키는 일이다. 바르고 완벽한 자기 모습을 기대하는 시인의 결단이 들어있는 의지의 행동이다.

> 이승에서의 우리의 삶은
> 연속해 반복하는 도돌이표인가 보다
>
> 고희를 넘긴 나이에도
> 형이상학적인 영혼의 세계는 들어가지 못한다
>
> 육체의 성장과 영혼의 성숙은 멈춘 지 오래다
>
> 육체는 퇴행하며 피로가 쌓이고
> 영혼은 파라다이스를 향해 손짓하나
> 오르는 산행에 갈팡질팡이다
>
> 한계를 넘어서려는 순례자들은
> 기도와 명상의 산행으로
> 오름을 재촉한다
>
> 창조물의 영지에 들어가기 위해
> 힘든 산 정상을 향해
> 육체의 소진이 다 할 때까지
> ─「칠순의 독백」

나이가 들어간다는 것은 영혼의 성숙을 의미하기도 한다. 이에 시인도 나이가 들면서 자연히 지고의 형이상학적 성숙을 기대하였다. 그러나 녹록지 않은 세상을 살아내느라 그렇지 못한 자신을 발견한다. 나이가 들면 성숙할 줄 알았는데 그렇지 않은 모습은 실망이기도 하다.

특히 정신의 성장이 멈춘 것에 대한 회한은 뼈아프다고 하겠다. 나이가 들어도 영혼이 계속 성숙할 수 있다면 그리하여 깨달음을 얻는 성인들처럼 훌륭할 수 있다면…. 시인은 이러한 생각에 생각을 더하며 깊어지고 있다.

시인은 형이상학의 최고에 도달하는 성인들의 정신적 경지에 조금이라도 들고 싶었던 것이다. 나이가 들면 자연히 형이상학적 인간이 되는 것이 아니다. 이에 나이만 들고 정신은 성숙하지 못하였다고 안타까움을 드러내고 있다.

오금석 시인은 무엇보다 정신이 성숙하기를 소망하는 지고의 염원을 간직한 시인이다. 그는 성숙을 당연하다고 여기며 그렇지 못한 현실을 반성한다.

4. 도도한 세월 속에서

아름답지 않은 황혼이 어디 있겠는가? 황혼기를 살아간다는 것은 사실은 인생에서 가장 아름다운 시간을 사는 것이라 하겠다. 우리의 하루 중 황혼이 가장 아름답듯이 인생도 황혼기가 가장 아름답다는 말이다. 황혼을 찍은 사진은 명작이 많다. 형용할 수 없는 빛깔과 풍경으로 사람들을 매혹하고 감동을 주기 때문이다. 그만큼 황혼의 저녁에는 하루 중 가장 아름다운 색이 나타나 사람들을 놀라게 한다.

  어디에서 그렇게 아름다운 색이 숨어 있었는지 그것은 황혼기에만 볼 수 있다. 대낮에는 볼 수 없는 아주 아름다운 광경이다. 새벽 일출 때에 잠깐 아름다운 하늘의 모습이 보이나 이내 아침이 오고 사람들은 아름다운 풍경을 잊고 하루를 치열하게 살아간다.

  대부분의 많은 시간이 지나고 그렇게 일을 하며 사람을 만나고 지쳐 있을 때 그때 도달한 시간이 대부분 저녁이다. 집으로 돌아가 저녁을 먹어야 하는 시간이다. 그때 우리는 저녁이 너무나 아름답다는 것을 알게 된다. 황홀한 하늘의 진면목을 비로소 바라보는 시간이다.

  그러므로 아름답지 않은 황혼이 어디에 있으랴. 모든 황혼은 아름답다. 저녁마다 찾아오는 황혼의 풍경은 너무 아름다워 사진으로 담는다. 그것이 거리에 있든 산에 있든 들에 있든 아름답기는 매한가지다.

    나 자신의 나를 모르듯
    내 옆 식구들을 모른다
    이미 우리들의 한계인 것 같다

    하루하루 변하는 생각 행동이
    그렇듯
    영원은 없으며
    변하지 않는 관계는 없다
    참 우스운 일이다

생활의 정진은
늘 흔들거리는 나무와 같다

바람이 불면
뿌리는
그대로인데

사계절의 옷을 입듯이
삶은 오늘도 변하며 익어가고 있다
　　　—「삶의 자리」

현대인은 자신을 잘 모른다. 더불어 같이 살면서도 식구들에 대해서 잘 모른다. 이는 바쁜 일상에 매몰되어 살아가는 현대인들의 문제가 아닌가. 대다수 사람이 가족과 함께 살고 있지만 가족 누구와도 흔쾌히 말할 시간을 갖지 못한다. 이에 진실을 다 털어놓을 수 없다. 거기에 자신의 감정을 조절하지 못하는 감정조절 장애와 공감 능력 부족으로 인한 공감의 부재는 요즘을 사는 현대인의 대표적인 질병이라 하겠다.

특히 소외와 고독은 현대인의 필수 요소처럼 모두가 앓는 질병이 되었고 질병처럼 가깝게 우리는 모두 고독, 외로움과 싸우고 있다. 시간은 가고 인생도 가는데 정작 자신은 잘 모른 채 살아가고 있는 모습이다.

새 좋은 날
맑은 영혼의 생활을 계획하며
오랜만에 노트북을 샀다

삶은
나를 싣고
어느새 고희의 고갯길과
한 해가
저무는 모퉁이에 있네

인생을
다시 시작할까
아니
사랑으로 노트를 다시 쓴다
　　　　—「노트북 인생」

　현대 문명의 산물인 노트북을 사면서 단상으로 쓴 시다. 새 노트북에 시인은 많은 의미를 부여한다. 새 노트북을 담을 글을 생각하면서 맑은 영혼의 생활을 계획하기까지 하는 것이다. 인생은 황혼기에 이르렀지만, 새로 산 노트북은 새 정신이 들어 있을 것으로 생각하기 때문이다.
　이에 시인은 새것이 주는 기쁨을 만끽하면서 앞으로 새 인생을 살고 싶기도 하다. 다시 시작한다면 완벽하게 살아갈 것 같기 때문이다. 어떤 사랑이라도 다시 시작할 수만 있다면 시인은 완벽한 사랑의 노트를 아름답게 쓸 것 같다.
　새것이 주는 감회는 자신의 현실을 살피며 부족한 현재를 표현하여 아쉬움과 안타까움을 동반하여 드러낸다. 벌써 많이 흘러가 버린 시간을 깊이 생각하고 있다.

　집 앞 우체통이 묵묵히 서 있다

새들의 노래터 쉼터이다

우체통 안에는 희로애락이 있다
매일매일 찾아오는 소식은
오늘 역사의 현장이다

글자로 오는 어제와 오늘이며
내일의 가늠자이다

새들의 쉼터 속에
나의 희로애락이 들락거린다

내일의 현장도 서 있는 우체통이다

좋은 소식을 기다린다
내일의 희망과 바람이다

새들이 잠시 몰려와 왁자지껄 노래를 한다.
좋은 소식이 올 것 같다

우체통을 열어 본다
외국국적동포 국내 거소증 신고증이
반기며 웃는다
    —「집 앞 우체통」

 우체통이 본래의 본질을 잃고 새들의 둥지가 되었다. 우체통 안에 새들이 들락거리면서 살림을 살기 시작한 것이다. 우체통은 편지를 받는 것이 본래의 목적이나 이제는 편지보다 새들이 둥지를 틀고 들락거린다. 저녁이면 왁자하게 노래까지 부른다.

　우체통이 희로애락의 소식이자 역사의 현장이던 시절이 있었다. 그것은 활자로 다가오는 어제와 오늘과 내일의 새로운 소식들이다. 비록 새들이 들락거리지만, 아직도 화자는 좋은 소식을 기다린다. 결국은 거소 신고증이 도착해 있는, 좋은 소식을 전해주는 우체통에서 새들과 함께 시인은 기쁨을 누린다.

　세상은 시시각각 급변하고 있다. 우체통이 제 기능을 하지 못하는 것은 우체통의 할 일이 줄어 들었다는 것이기도 하지만 새들이 살 곳이 없다는 말도 된다. 이것은 문명이 만들어낸 모습이다. 새들은 보금자리를 잃고 우체통에 둥지를 틀어야 하는 처지인 것이다.

　그래도 시인의 우체통은 다행스럽게도 두 가지 일을 다 해내고 있다. 기쁜 소식의 우편물을 전하기도 하고 새들의 둥지가 되기도 하니 일거양득 擧兩得이 아닌가?

　　　주님
　　　오늘의 마지막 삶을 비행기에 띄웁니다
　　　오늘 만났던 분들
　　　나에게 체험을 들려주신 분들
　　　저에게 면담해 주신 분들
　　　…중략….
　　　주님
　　　칠흑 같은 창공은
　　　오직 당신만이 항해사이십니다
　　　저의 삶이 어두운 잠 속에 있을 때

저를 일찍 깨워 주십시오

주님
저의 삶이 잠깐 칠흑 속에 머물 때
절대 포기하지 말고
기다리는 용기와 지혜를 주십시오
...중략….
—「창공을 나는 비행기 안에서」

거대한 비행기가 상승하여 창공에 있다면 그것은 비행기 자신만의 힘으로 가야 한다. 누군가에게 잘 안 가니 뒤에서 밀어달라거나 아니면 프로펠러를 돌려달라거나 할 수 없는 상황이라는 뜻이다. 그것은 절대적인 시간이라 하겠다.

이에 신앙심이 깊은 오금석 시인은 하나님께 모든 것을 맡긴다. 더 이상 아등바등하지 않고 절대자에게 모든 키를 넘긴다. 다만 자신은 절대로 포기하지 않고 기다리는 지혜와 용기를 갖기를 원한다.

인생의 시간은 많은 장애물을 헤쳐 나가야 한다. 이러한 장애물은 흔히 역경逆境이라고 표현한다. 이에 많은 사람이 장애물에 넘어지기도 하고, 못 넘어가서 안타깝기도 하다. 이러한 모든 어려움, 난관, 어둠에 절대자가 함께라면 아무것도 두렵지 않다.

용기와 지혜를 갖고 절대자의 안내대로 장애물을 넘어갈 수 있다. 잘 견뎌낼 수 있다. 하루하루의 불안과 초조를 버리고 절대자와 함께 힘껏 살아갈 수가 있다.

5. 세월, 연민 그리고 바다

　인간의 생각으로는 가늠할 수 없는 것이 이 세상의 모습이다. 이에 많은 이들이 인생에 대한 수 많은 질문을 신앙 안에서 해답을 찾는다. 신앙은 그 질문들에 명확하게 답을 해준다. 그러기에 사람들은 신앙을 갖는다. 이로써 존재에 대하여 무수한 질문에 답을 얻으며 방황하던 영혼은 안정을 얻는다.

　그것은 도저한 시간의 흐름을 멈출 수 없는 까닭이며, 언젠가는 이 세상에 없을 것이기에 연민을 갖는다. 그렇게 훌쩍 황혼기에 도달하니 인생에 더 애착이 간다. 함부로 보낸 시간은 없는지, 짜증을 내지는 않았는지, 진실하게 살았는지 자꾸만 뒤돌아본다.

　황혼은 너무 아름다운 그림을 날마다 그려 놓는다. 황혼기에 사람들도 그의 인생에서 가장 아름다운 그림을 그린다. 오금석 시인도 비록 황혼기에 이르렀지만 아름다운 시심을 담은 시집을 상재한다. 자신의 인생을 돌아보면서 더욱 진실하게 살 것을 다짐한다. 여기에 신앙은 더 큰 힘을 발휘한다.

　무엇으로도 형용할 수 없는 이 세상의 오묘한 질서 속에서 완벽한 존재인 신과 함께 하기 때문이기도 하다. 이제 시인은 인생에서 가장 아름다운 시간을 살아가게 될 것이다. 황혼에 이르면 아름다운 색으로 하늘색이 너무나 아름답게 변하듯이 우리와 오금석 시인의 황혼도 그렇게 아름다울 것은 자명한 일이다.